SOPAS
de todo el
MUNDO

KÖNEMANN

Sopa de calabaza

Tiempo de preparación:
25 minutos
Tiempo de cocción:
35 minutos

1 kg de calabaza	**sal y pimienta**
60 g de mantequilla	**³/₄ taza de nata líquida**
1 cebolla picada	**albahaca fresca en tiras**
4 tazas de caldo de pollo	**para decorar**

Para 4–6 personas

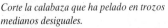

1 Pele la calabaza y córtela en trozos medianos. Caliente la mantequilla en una cacerola, añada la cebolla y fríala lentamente durante 15 minutos hasta que esté blanda.
2 Añada la calabaza y el caldo de pollo y déjelo cocer a fuego lento durante 20 minutos o hasta que la calabaza esté blanda. Déjelo enfriar.
3 Pase la mezcla por la batidora hasta que quede homogénea y devuélvala a la cacerola.
4 Salpimiente al gusto, añada la nata y cuézala a fuego lento hasta que esté bien caliente. Si lo desea, antes de servir la sopa puede espolvorearla con albahaca fresca.

Nota: Cuando bata la sopa, debe poner los trozos en la batidora por tandas. Llenarla demasiado puede resultar peligroso, pues el líquido caliente puede rebosar y quemarle las manos.
Omita la nata si prefiere una sopa más espesa y sin componentes lácticos. Puede usar calabaza vinatera. Es fácil de pelar y puede consumirse también con piel, la cual se ablanda al cocerla.

Corte la calabaza que ha pelado en trozos medianos desiguales.

Añada los trozos de calabaza y el caldo de pollo a la cebolla que tiene en la cacerola.

Pase la mezcla de calabaza por la batidora hasta que quede homogénea.

Agregue la nata y deje cocer la sopa a fuego lento hasta que esté bien caliente.

Sopa holandesa de guisantes y jamón

Tiempo de preparación:
20 minutos + algunas horas
o toda una noche
en remojo
Tiempo de cocción:
2½ horas

Para 4–6 personas

2 tazas de guisantes verdes partidos por la mitad	**1 cebolla picada**
750 g de huesos de jamón	**3 puerros en rodajas finas**
2 ½ l de agua	**1 patata picada**
1 apio entero cortado en rodajas	**una salchicha de cerdo, perejil y pan de centeno para servir**
1 zanahoria picada	

1 Ponga los guisantes en remojo en agua fría unas horas o toda la noche. Coloque en una cacerola grande los huesos, los guisantes escurridos, el agua, el apio y el perejil. Llévelos a ebullición y déjelos hervir, tapados, a fuego lento durante 2 horas o hasta que los guisantes estén cocidos.

2 Añada los puerros y la patata y cuézalos otros 30 minutos o hasta que la verdura esté blanda.

3 Retire los huesos de jamón, trocee la carne y devuélvala a la cacerola. Deseche los huesos.

4 Deje enfriar la sopa unos minutos, tamícela, vuelva a verterla en la cacerola y caliéntela bien. Decórela con unas rodajas de salchicha y una ramita de perejil y sírvala con pan de centeno.

Nota: Si prefiere una sopa algo más consistente, no hace falta que la pase por el tamiz.

Ponga los huesos, los guisantes remojados, el apio, la zanahoria y la cebolla en una cacerola grande.

Cuando los guisantes estén cocidos, añada las rodajas de puerro y los trozos de patata.

Corte la carne del jamón en trozos muy pequeños y deseche los huesos.

Pase la sopa por un tamiz antes de volver a ponerla a calentar en la cacerola.

Crema de champiñones

Tiempo de preparación:
25 minutos
Tiempo de cocción:
15–20 minutos

400 g de champiñones	**4 tazas de caldo de pollo**
60 g de mantequilla	**1 taza de nata líquida**
3 dientes de ajo majados	**sal y pimienta**
¹/₄ taza de harina blanca	

Para 4–6 personas

1 Retire la piel de los champiñones con los dedos con mucho cuidado. Pique los tallos y los sombrerillos. Caliente la mantequilla en una cacerola grande, añada el ajo y los champiñones y fríalos durante 5 minutos o hasta que los champiñones estén blandos.

2 Añada la harina y remueva durante 1 minuto. Agregue el caldo de pollo y déjelo cocer a fuego lento, tapado, durante 10 minutos.
3 Pase la mezcla por la batidora o picadora hasta que quede homogénea. A continuación, devuélvala a la cacerola, agregue la nata y cuézala a fuego lento hasta que la sopa esté caliente. Salpimiéntela y sírvala.

Nota: Con champiñones grandes y planos obtendrá una sopa de sabor más fuerte que con champiñones pequeños, pero puede utilizar cualquiera de las dos variedades.

Vichyssoise
(Crema de patata y puerro)

Tiempo de preparación:
25 minutos
Tiempo de cocción:
30 minutos

Para 4–6 personas

60 g de mantequilla	**1 taza de leche**
2 puerros medianos	**sal y pimienta**
cortados pequeños	**nata líquida o crema agria**
2 patatas grandes, peladas	**para servir**
y troceadas	**cebollino picado**
3 tazas de caldo de pollo	**para decorar**

1 Caliente la mantequilla en una cacerola mediana y añada los puerros. Fríalos sin dejar de remover hasta ablandarlos.
2 Añada las patatas y el caldo de pollo y déjelo cocer a fuego lento entre 15 y 20 minutos o hasta que las patatas estén blandas; salpimiéntelo.
3 Pase la mezcla a una bati-

dora o picadora y trabájela hasta que sea homogénea. Si prefiere servir la crema caliente, devuélvala a la cacerola para calentarla; refrigérela si prefiere servirla fría. Coloque una cucharada de crema agria en la superficie y espolvoréela con cebollino antes de servirla.

Nota: La vichyssoise es una crema clásica que fue creada por el hotel Ritz–Carlton de Nueva York. Resulta un entrante elegante para un menú de fiesta y es tradición servirla muy fría, no a temperatura ambiente.

Crema de champiñones (arriba) y Vichyssoise

Sopa de almejas

Tiempo de preparación:
35 minutos
Tiempo de cocción:
30 minutos

Para 4 personas

1¹/₂ kg de almejas frescas con valva	**500 g de patatas peladas y cortadas en dados**
1 taza de agua	**300 ml de caldo de pescado**
1 cucharada de aceite	**2 tazas de leche**
125 g de bacon troceado	**¹/₂ taza de nata líquida**
1 cebolla picada	**sal y pimienta**

1 Ponga las almejas en una cacerola con agua. Déjelas hervir a fuego lento durante 5 minutos o hasta que las valvas se abran (deseche las que sigan cerradas); cuélelas y guarde el líquido. Separe la carne de las valvas y córtela muy pequeña.
2 Fría en aceite el bacon y la cebolla sin dejar de remover hasta que el bacon esté crujiente y la cebolla, blanda; añada luego la patata y remuévalo.
3 Mida el líquido que ha reservado y agréguele agua hasta obtener 1¹/₄ tazas. Vierta dicho líquido, el caldo y la leche a la cacerola. Llévelo todo a ebullición y déjelo hervir a fuego lento, tapado, durante 20 minutos o hasta que la patata esté blanda.
4 Incorpore la nata, la carne de almejas, la sal y la pimienta. Caliente la sopa unos minutos antes de servirla.
Nota: Las almejas frescas que se pueden conseguir en el mercado son las que proporcionan el mejor sabor, pero también puede usar almejas de lata escurridas. Elabore el líquido con caldo de pescado.

Hierva las almejas en agua en una cacerola hasta que las valvas se abran.

Fría el bacon troceado y la cebolla en la cacerola hasta que el bacon esté crujiente y la cebolla, blanda.

Incorpore el agua de las almejas, el caldo de pescado y la leche al bacon, la cebolla y la patata.

Agregue la nata y la carne de almejas troceada a la sopa y caliéntela bien durante unos minutos.

Crema de espárragos

Tiempo de preparación:
25 minutos
Tiempo de cocción:
30–35 minutos

750 g de espárragos tiernos	**¹/₄ taza de harina blanca**
60 g de mantequilla	**3 tazas de caldo de pollo**
1 cebolla pequeña picada	**²/₃ taza de nata líquida**
1 tronco de apio troceado	

Para 4–6 personas

1 Separe las puntas de los espárragos de los tallos. Corte éstos en trozos muy pequeños y ponga las puntas en agua salada hirviendo durante 1 minuto. Luego escúrralas.
2 Caliente la mantequilla en una cacerola grande y añada la cebolla, el apio y los tallos de espárrago cortados.

Rehóguelos durante 5 minutos sin dejar de remover hasta ablandar la cebolla. Añada la harina y mezcle bien.
3 Retire la mezcla del fuego, agregue el caldo y mezcle bien. Devuélvalo al fuego y déjelo cocer, tapado, a fuego lento durante 20–25 minutos o hasta que la verdura esté blanda. Añada las puntas y déjelo cocer a fuego lento otros 5 minutos.

4 Pase la mezcla por la batidora o picadora en pequeñas tandas hasta que sea homogénea. Devuélvala a la cacerola, incorpore la nata y mezcle bien. Cueza la sopa a fuego lento hasta que esté bien caliente y sírvala decorada con una ramita de perifollo.
Nota: Esta sopa resulta igual de deliciosa servida fría en un almuerzo veraniego.

Después de cortar las puntas de los espárragos, trocee los tallos.

Rehogue la cebolla picada y los espárragos hasta que la cebolla esté blanda.

Incorpore el caldo de pollo a la cacerola y mézclelo bien con el resto de ingredientes.

Triture la mezcla en la batidora o picadora hasta que sea homogénea.

Sopa de tomate

Tiempo de preparación:
25 minutos
Tiempo de cocción:
20 minutos

Para 4–6 personas

1 kg de tomates	**1 cucharada de**
1 cucharada de aceite	**concentrado de tomate**
1 cebolla picada	**4 tazas de caldo de pollo**
2 dientes de ajo majados	**sal y pimienta**
	$^1/_2$ cucharadita de azúcar

1 Practique una cruz en la base de los tomates, póngalos en agua hirviendo durante 1–2 minutos y luego sumérjalos en agua fría. Pélelos en dirección hacia abajo desde la cruz. Triture la pulpa. Caliente aceite en una cacerola mediana y añada la cebolla y el ajo. Fríalos durante 5 minutos o hasta que la cebolla esté blanda.

2 Agregue el tomate y el concentrado de tomate y fríalos, tapados, a fuego lento durante 10 minutos.

3 Incorpore el caldo, la sal, la pimienta y el azúcar y déjelos cocer, tapados, durante 5 minutos.

4 Pase la sopa por la batidora en tandas hasta que la mezcla sea homogénea. Devuelva la sopa a la cacerola, caliéntela bien y sírvala decorada con una ramita de perifollo fresco, si lo desea.

Nota: Para preparar una crema de tomate añada $^1/_2$ taza de nata líquida a la sopa y caliéntela unos minutos a fuego lento sin dejar que hierva.

Sopa de pollo con fideos

Tiempo de preparación:
20 minutos
Tiempo de cocción:
20–25 minutos

Para 4–6 personas

8 tazas de caldo de pollo	**$^3/_4$ taza de perejil fresco**
1 taza de pollo cocido en	**picado**
tiras finas	**pimienta al gusto**
1 taza de fideos finos	
troceados	

1 Vierta el caldo de pollo en una cacerola y llévelo a ebullición.

2 Añada el pollo cortado. Poco antes de servir la sopa, agregue a la cacerola los fideos y el perejil y déjelo cocer a fuego lento durante 10–15 minutos o hasta que los fideos estén cocidos. Añada pimienta y sirva la sopa.

Nota: Es importante incorporar los fideos justo antes de servir la sopa para evitar que se ablanden demasiado. Si prefiere una sopa menos sustanciosa no añada el pollo cortado. Si no tiene caldo de pollo, vierta 8 tazas de agua con una cucharada de caldo de pollo en polvo.

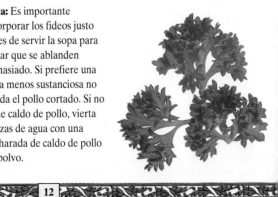

Sopa de tomate (arriba) y Sopa de pollo con fideos

Sopa de pollo con maíz

Tiempo de preparación:
25 minutos
Tiempo de cocción:
20 minutos

Para 4–6 personas

1 trozo de jengibre fresco de unos 2 cm, pelado	**¹/₄ taza de fécula de maíz**
4 mazorcas de maíz	**¹/₃ taza de agua**
6 tazas de caldo de pollo	**8 cebolletas picadas**
1 taza de pollo cocido en tiras finas	**¹/₂ cucharadita de aceite de sésamo**
	sal y pimienta

1 Ralle fino el jengibre fresco.
2 Cueza las mazorcas al vapor hasta que estén blandas, déjelas enfriar y, a continuación, separe los granos del tronco. Caliente el caldo en una cacerola mediana y añada el maíz, el pollo y el jengibre. Cueza la mezcla a fuego lento, sin tapar, durante 5 minutos.

3 Mezcle bien la fécula de maíz y el agua en un bol pequeño hasta conseguir una pasta homogénea. Añádala a la cacerola, removiendo hasta que la mezcla espese.
4 Incorpore la cebolleta y el aceite de sésamo y mezcle bien. Condimente con sal y pimienta al gusto y sirva la sopa inmediatamente.

Nota: Si prefiere una sopa más cremosa, pase los granos de maíz por la batidora antes de incorporarlos. También puede utilizar mazorcas de maíz en lata o puré de maíz. Para hacer sopa de cangrejo con maíz, sustituya el pollo por carne de cangrejo troceada.

Ralle el trozo de jengibre fresco pelado con un rallador fino.

Separe los granos del tronco de las mazorcas cocidas con un cuchillo afilado.

Añada la mezcla de maíz y agua al resto de la sopa que tiene en la cacerola.

Agregue las cebolletas, el aceite de sésamo, sal y pimienta.

Borsh

(Sopa fría de remolacha)

Tiempo de preparación:
30 minutos
Tiempo de cocción:
40 minutos

Para 6 personas

6 remolachas grandes (1¹/₂ kg), peladas	¹/₂ taza de zumo de limón
2 ¹/₄ l de agua	3 huevos
6 cucharaditas de azúcar	sal y pimienta

1 Ralle la remolacha. Póngala con el agua y el azúcar en una cacerola y cuézalas a fuego lento hasta que el azúcar se haya disuelto. Déjelo cocer a fuego lento, parcialmente tapado, durante 30 minutos, espumando la superficie de vez en tanto.

2 Añada el zumo de limón, déjelo cocer a fuego lento sin tapar durante 10 minutos y, a continuación, retire la sartén del fuego.

3 Bata los huevos en un bol y agréguelos gradualmente a la mezcla de remolacha, sin dejar de remover y vigilando que no cuajen. Condimente con sal y pimienta. Deje enfriar la sopa, luego cúbrala y refrigérela hasta que esté fría. Puede servir el borsh con una cucharada de crema agria en la superficie.

Nota: Si prefiere la versión caliente de esta sopa tradicional de la Europa oriental vea, en la página 32, el Borsch caliente de ternera.

Sopa fría de pepino

Tiempo de preparación:
20 minutos
Tiempo de cocción:
ninguno

Para 4–6 personas

1 pepino grande	1¹/₃ tazas de nata líquida
1 ramillete de eneldo en vinagre, picado	1¹/₄ tazas de caldo de pollo
2 cucharadas de zumo de limón	sal y pimienta
¹/₂ cebolla rallada	1 cucharada de eneldo fresco picado

1 Pele el pepino, quítele las semillas y trocéelo. Reserve un poco para decorar y pase el resto junto con el eneldo en vinagre, el zumo de limón y la cebolla por la batidora hasta que la mezcla sea fina y homogénea.

2 Pase la mezcla a un bol grande, agregue la nata, el caldo, y sal y pimienta según sus preferencias. Añada la cucharada de eneldo fresco y entremézclelos bien. Refrigere la sopa y sírvala con el pepino que ha apartado y espolvoreada con otra pizca de eneldo al gusto.

Nota: La manera más sencilla de quitar las semillas de un pepino es cortarlo a lo largo y retirar las pepitas con una cucharita.

La sopa de pepino resulta más sabrosa si se consume al cabo de uno o dos días de haberla preparado. Si lo prefiere, puede sustituir la nata por yogur, que puede ser también desnatado.

Borsh (arriba) y Sopa fría de pepino

Minestrone

(Sopa italiana de verduras)

Tiempo de preparación:
**30 minutos + una noche
en remojo**
Tiempo de cocción:
2 ³/₄ horas

Para 6–8 personas

250 g de judías blancas	1 nabo troceado
2 cucharadas de aceite	2 patatas troceadas
2 cebollas picadas	1 tallo de apio troceado
2 dientes de ajo majados	¹/₄ taza de concentrado
2 lonchas de bacon	de tomate
troceadas	1 calabacín en rodajas
4 tomates, pelados	¹/₂ taza de judías verdes
y troceados	¹/₂ taza de macarrones
¹/₄ taza de perejil picado	¹/₄ taza de queso rallado
9 tazas de caldo de ternera	sal, pimienta
¹/₄ taza de vino tinto	virutas de queso parme-
1 zanahoria troceada	sano para decorar

1 Deje las judías en remojo una noche y luego escúrralas. Introdúzcalas en una cacerola con agua hirviendo, déjelas hervir a fuego lento durante 15 minutos y escúrralas. Fría la cebolla, el ajo y el bacon sin dejar de remover, hasta que la cebolla esté tierna

y el bacon crujiente.

2 Incorpore el tomate, el perejil, las judías, el caldo y el vino y cuézalo todo 2 horas a fuego lento.

3 Añada la zanahoria, el nabo, la patata, el apio y el concentrado de tomate. Cuézalo, tapado, entre 15 y 20 minutos.

4 Justo antes de servir la sopa agregue el calabacín, las judías verdes, los macarrones y el queso. Déjelo cocer a fuego lento, cubierto, otros 10–15 minutos, hasta que la verdura y la pasta estén tiernas.

Salpimiente la sopa y sírvala decorada con virutas de queso parmesano.

Nota: Si lo prefiere puede hervir la pasta por separado e incorporarla a la sopa justo antes de servirla.

La sopa minestrone resulta un plato sustancioso si se sirve acompañada de pan fresco crujiente. Si prefiere una versión más ligera, utilice caldo de pollo en lugar de caldo de ternera y no le añada bacon.

Escurra las judías blancas después de haberlas tenido en remojo una noche entera.

Incorpore el tomate y el perejil a la mezcla de bacon, cebolla y ajo.

Agregue el concentrado de tomate y el resto de verduras a la cacerola.

Deje hervir la sopa a fuego lento hasta que la verdura y la pasta estén tiernas.

Crema de coliflor

Tiempo de preparación:
20 minutos
Tiempo de cocción:
15–20 minutos

Para 4–6 personas

750 g de coliflor	**¹/₄ cucharadita de nuez**
1 cucharada de aceite	**moscada**
3 tazas de caldo de pollo	**sal y pimienta**
1 taza de nata líquida	

1 Divida la coliflor en piñas. Caliente aceite en una sartén grande y fría la coliflor durante 3 minutos o hasta que empiece a estar tierna.
2 Añada el caldo y déjelo hervir durante 10–15 minutos o hasta que la coliflor esté blanda; viértale la nata.
3 Pase la sopa en tandas por la batidora hasta que quede homogénea. Devuelva la sopa a la cacerola, agréguele la nuez moscada y salpimiéntela al gusto. Caliéntela unos minutos, y sírvala al momento, sazonada con pimienta recién molida.

Nota: Se trata de una sopa de delicado sabor y textura. Incluso aquellos a quienes no les gusta en exceso tomar coliflor como verdura se deleitarán con esta sopa. Escoja una coliflor muy fresca con piñas apretadas y sin manchas marrones o negras en la superficie.

Para obtener una sopa aún más nutritiva añada 1 taza de queso rallado. Decórela, en este caso, con piñas de coliflor muy pequeñas o una ramita de perifollo fresco.

Crema de espinacas

Tiempo de preparación:
25 minutos
Tiempo de cocción:
25 minutos

Para 4–6 personas

500 g de espinacas	**1¹/₂ tazas de leche**
60 g de mantequilla	**¹/₄ cucharadita de nuez**
1 cebolla en rodajas	**moscada molida**
2 cucharadas de harina	**sal y pimienta**
2¹/₂ tazas de caldo de pollo	
o de verduras	

1 Separe los troncos de las hojas de las espinacas. Lave las hojas y luego píquelas o córtelas. Caliente mantequilla en una cacerola grande y fría la cebolla hasta que esté blanda. Añada las hojas de espinaca y cuézalas sin dejar de remover, hasta que empiecen a estar blandas.
2 Agregue la harina y remueva hasta que la verdura esté empapada. A continuación, retire la mezcla del fuego e incorpore el caldo. Devuélvala al fuego y remueva hasta que la mezcla hierva y espese. Añada la leche, la nuez moscada, la sal y la pimienta. Cúbrala y cuézala a fuego lento 15–20 minutos o hasta que las espinacas estén blandas.
3 Deje enfriar la sopa unos instantes y pásela por la batidora hasta que quede homogénea. Devuélvala a la cacerola y caliéntela bien. Puede servirla con tostones.

Nota: Si prefiere una sopa más oscura sustituya la mitad de las espinacas por acelgas.

Crema de coliflor (arriba) y Crema de espinacas

Consomé de ternera

Tiempo de preparación:

20 minutos

Tiempo de cocción:

45 minutos

Para 4 personas

350 g de asado de ternera	1¹/₂ l de caldo de ternera
2 zanahorias medianas	sal y pimienta
2 tallos de apio	1 zanahoria mediana adi-
2 puerros pequeños	cional, en tiritas muy
2 tomates medianos	finas
troceados	1 puerro pequeño adicio-
3 claras de huevo	nal, en tiritas muy finas

1 Retire el exceso de grasa de la carne y córtela muy pequeña o pásela por la picadora. Trocee las zanahorias, el apio y los puerros, póngalos en una cacerora grande con el tomate, la carne y las claras de huevo y mézclelos bien.

2 Caliente el caldo hasta que esté tibio y salpimiéntelo al gusto. Añada poco a poco el caldo a la carne y a las verduras sin dejar de remover a fuego moderado. Continúe removiendo durante unos 10 minutos, hasta que la mezcla empiece a hervir lentamente; reduzca el fuego. A continuación, haga un agujero en la capa de grasa que flota en la superficie del caldo con una cuchara grande. Déjelo hervir a fuego lento, destapado, durante 35 minutos y no remueva. Coloque un paño húmedo o una muselina de dos capas en la boca de un colador grande. Cuele el líquido y páselo a una olla limpia. Pruebe el consomé y añada más sal al gusto.

Recaliéntelo y sírvalo decorado con tiras muy finas de zanahoria y puerro (añádalas en el último momento para no enturbiar el consomé).

Nota: El consomé es un caldo claro pero muy sabroso que resulta un entrante ligero y elegante para un menú de fiesta. También se utiliza en lugar del simple caldo de ternera como base de numerosas sopas clásicas para ocasiones especiales como la Madrilène (con apio y tomate) o la Longchamps (con fideos, perifollo y tiras de acedera añadidas). Si desea un consomé más claro, cuélelo dos veces.

Corte la carne, la zanahoria, el apio y los puerros en trozos pequeños.

Con una cuchara abra un agujero en la capa de grasa que se forma en la superficie del caldo.

Gazpacho andaluz

Tiempo de preparación:
20 minutos
Tiempo de cocción:
10–15 minutos

Para 6–8 personas

1 Trocee pequeños la cebolla, los tomates, el pepino y el pimiento y póngalos en un bol grande junto con el ajo.
2 Agregue, removiendo, el zumo, el azúcar, la sal, la pimienta, la mezcla de aceite y vinagre, y mézclelo bien. Refrigere el gazpacho y sírvalo frío con costrones de ajo.

1 cebolla roja
3 tomates
$^1/_2$ pepino mediano
$^1/_2$ pimiento verde sin pepitas
$^1/_2$ pimiento rojo sin pepitas
1 diente de ajo majado
850 ml de zumo de tomate
$^1/_2$ cucharadita de azúcar

sal y pimienta
$^1/_4$ taza de aceite de oliva
$^1/_4$ taza de vinagre de vino blanco

Para los costrones de ajo:
6 rebanadas de pan blanco
$^1/_4$ taza de aceite de oliva
1 diente de ajo majado

3 Costrones de ajo: Precaliente el horno a 180°C. Retire la corteza del pan y córtelo en dados de 1 cm. Rocíelos con la mezcla de aceite y ajo, empápelos bien y colóquelos en una bandeja de horno.
4 Hornéelos durante 10–15 minutos y déles la vuelta un par de veces o hasta que estén dorados.

Corte la cebolla, los tomates, el pepino y el pimiento en trozos pequeños.

Añada la mezcla de aceite y vinagre al zumo de tomate, verduras y condimentos.

Después de retirar la corteza del pan, corte las rebanadas en dados pequeños.

Hornee los costrones de ajo a 180°C, hasta que estén dorados.

Sopa de lentejas y bacon

Tiempo de preparación:
25 minutos
Tiempo de cocción:
1 horas 20 minutos

Para 6 personas

200 g de lentejas pardinas
4¹/₂ tazas de caldo de pollo
1 diente de ajo majado
2 clavos de especia enteros
2 lonchas de bacon
troceadas
400 g de tomates de lata
o 3 tomates troceados
1 cebolla mediana picada
sal y pimienta

450 g de patatas peladas
y troceadas
2 cucharadas de zumo
de limón
1 salchicha de frankfurt
ó 2 lonchas de bacon,
troceadas y luego fritas
hasta que estén
crujientes, para decorar

1 Lave las lentejas cuidadosamente y escúrralas bien. Póngalas en una cacerola con el caldo, el ajo majado, los clavos de especia enteros, el bacon, el tomate, la cebolla, la sal y la pimienta. Llévelo a ebullición y luego reduzca el fuego. Déjelo hervir a fuego lento, tapado, durante 45 minutos o hasta que las lentejas y las verduras estén tiernas.

2 Añada las patatas y déjelas hervir a fuego lento durante 20 minutos o hasta que estén blandas.
3 Deje enfriar la sopa unos instantes, tamícela y pásela a un bol grande.
4 Devuelva la sopa a la cacerola, agregue el zumo

de limón y caliéntela bien, a fuego lento. Sírvala decorada con trozos de bacon crujiente o salchicha tipo frankfurt.

Nota: Si prefiere una sopa más fina, pásela por la batidora y no la cuele.

Crema de apio

Tiempo de preparación:
10 minutos
Tiempo de cocción:
30 minutos

Para 4–6 personas

1 apio entero (hojas
incluidas)
60 g de mantequilla
1 cebolla picada

4¹/₂ tazas de caldo de pollo
1¹/₂ tazas de nata líquida
sal de apio y pimienta

1 Corte el apio pequeño. Caliente la mantequilla en una cacerola, añada la cebolla y remueva hasta que esté tierna. Incorpore el apio y rehóguelo a fuego lento sin dejar de remover hasta que se ablande pero todavía no

adquiera un tono marronoso.
2 Agregue el caldo de pollo y déjelo hervir a fuego lento, tapado, durante 20 minutos o hasta que el apio esté blando.
3 Bata la mezcla en tandas hasta que quede homogénea. Devuélvala a la sartén, añádale la nata, sal y pimienta al gusto. Remueva la sopa hasta que esté caliente

y sírvala de inmediato, decorada con hojas de apio.

Nota: Antes de triturar el apio tiene que rehogarlo bien ya que si quedara fibroso resultaría una sopa de textura desagradable.
    La misma sopa con queso stilton por encima es una deliciosa variación.

Sopa de lentejas y bacon (arriba) y Sopa de crema de apio

Sopa de cebolla a la francesa

Tiempo de preparación:
15 minutos
Tiempo de cocción:
1 hora y 15 minutos

Para 4–6 personas

6 cebollas (1 kg aprox.)	**sal y pimienta**
60 g de mantequilla	**1 baguette**
1 cucharadita de azúcar	**$^1/_2$ taza de queso gruyère**
$^1/_4$ taza de harina	**o cheddar rallado**
$2^1/_4$ l de caldo de ternera	**queso rallado para decorar**

1 Pele las cebollas y córtelas en aros finos. Caliente mantequilla en una cacerola grande y fría la cebolla a fuego lento durante 20 minutos o hasta que esté muy blanda.
2 Añádale el azúcar y la harina y sofríalo todo, sin dejar de remover, durante 1 ó 2 minutos, hasta que la mezcla empiece a estar dorada.
3 Agregue el caldo y déjelo hervir a fuego lento, tapado, durante 1 hora. Condimente la sopa con sal y pimienta.
4 Precaliente el horno a 180°C. Corte el pan en rebanadas de 1,5 cm y hornéelo dándole la vuelta una vez hasta que esté seco y ligeramente dorado. Decore las rebanadas con el queso rallado y póngalas en una plancha caliente hasta que el queso se haya fundido. Sirva la sopa de cebolla con tostones cubiertos de queso fundido y espolvoréela con el queso gruyère adicional.

Pele las cebollas y córtelas cuidadòsamente en aros finos.

Incorpore el azúcar y la harina a las cebollas reblandecidas que tiene en la cacerola.

Condimente la sopa con sal y pimienta según sus preferencias personales.

Ponga queso gruyère o cheddar rallado sobre cada rebanada de pan.

Sopa paisana

Tiempo de preparación:
35 minutos
Tiempo de cocción:
3 horas

Para 6–8 personas

2 mazorcas de maíz	¹/₂ taza de cebada perlada
2 cucharadas de aceite	2 zanahorias troceadas
600 g de huesos de ternera	2 tallos de apio troceados
500 g de bistec de aguja	2 patatas peladas
cortado en dados	y troceadas
2¹/₂ l de agua	1 nabo blanco pelado
2 hojas de laurel	y troceado
5 granos de pimienta	3 tomates pelados
negra enteros	y troceados
1 cebolla picada	1 taza de guisantes verdes

1 Separe los granos del tronco de la mazorca. Saltee en una cacerola con aceite los huesos de ternera y el bistec y remueva hasta dorarlos bien. Incorpore el agua, las hojas de laurel, los granos de pimienta y la cebolla y déjelos cocer a fuego lento, tapados, durante 2 horas.

2 Retire los huesos y la grasa o espuma de la superficie. Agregue la cebada y déjelo cocer a fuego lento, tapado, durante 40 minutos.

3 Añada las zanahorias, el apio, la patata, el nabo y el tomate y cueza a fuego lento, tapado, durante 35 minutos o hasta ablandar las verduras. Agregue los guisantes y el maíz y cuézalos a fuego lento, tapados, hasta ablandarlos.

Añada el agua, los condimentos y la cebolla a los huesos de ternera y la carne de la cacerola.

Retire con una cuchara grande la grasa o espuma que haya en la superficie de la sopa.

Agregue a la sopa los trozos de cebolla, apio, patata, nabo y tomate.

Incorpore, por último, los guisantes y el maíz y déjelo cocer hasta que estén tiernos.

Borsh caliente de ternera

Tiempo de preparación:
30 minutos
Tiempo de cocción:
1¹/₂ horas

Para 6–8 personas

600 g de remolacha	1 cebolla picada
1 kg de bistec de aguja	4 dientes de ajo majados
2 cucharadas de aceite	2 patatas peladas
8 tazas de agua o de caldo	y troceadas
de ternera	sal y pimienta
¹/₂ col pequeña rallada	
500 g de tomates pelados	
y troceados	

1 Pele la remolacha y córtela en dados de 1 cm; corte la carne en dados pequeños. Caliente aceite en una sartén grande y fría la carne sin dejar de remover, hasta dorarla bien.
2 Agregue el agua o el caldo y cueza a fuego lento, tapado, durante 40 minutos.

3 Añada la remolacha, la col, el tomate, la cebolla y el ajo y cuézalos a fuego lento, tapados, durante 40 minutos. Incorpore la patata y siga cociendo a fuego lento, tapado, durante 15 minutos o hasta que esté tierna. Salpimiente el borsh y sírvalo.

Nota: El borsh se puede servir caliente o frío (vea la receta en la página 16). Tradicionalmente, se utiliza crema agria para guarnecer este tipo de sopa, un manjar realmente popular en la Europa oriental, sobre todo para paliar los efectos del duro invierno.

Crema de pollo

Tiempo de preparación:
15 minutos
Tiempo de cocción:
20 minutos

Para 4–6 personas

60 g de mantequilla	1 taza de nata líquida
¹/₃ taza de harina	1 tallo de apio picado
2 tazas de caldo de pollo	sal
1 taza de leche	¹/₃ taza de perejil fresco
1 filete de pechuga de pollo	picado
en trozos pequeños	

1 Funda la mantequilla en una cacerola grande y añada la harina. Rehóguela a fuego lento durante 2 minutos o hasta que la mezcla esté dorada y vierta el caldo poco a poco, removiendo cada vez, hasta conseguir una mezcla homogénea. No deje de remover a fuego medio hasta que la mezcla hierva y espese.
2 Agregue la leche, el pollo, la nata y el apio y cuézalo a fuego lento durante 5 minutos hasta que el pollo esté blando. Añada sal al gusto.
3 Sirva la sopa espolvoreada con perejil fresco picado.

Borsh caliente de ternera (arriba) y Crema de pollo

Bouillabaise

(Sopa de pescado mediterránea)

Tiempo de preparación:
40 minutos
Tiempo de cocción:
1¹/₂ horas

Para 4–6 personas

1 Salsa Rouille: Coloque el pan en un bol con suficiente agua para cubrirlo. Téngalo en remojo durante 5 minutos, escúrralo y páselo por la batidora con el ajo, las guindillas, las yemas de huevo, la sal y la pimienta durante 20 segundos. Vierta el aceite lentamente, mientras sigue batiendo. Pase la mezcla a una salsera, cúbrala y refrigérela.
2 Bouillabaise: Ponga las cabezas de pescado con las gambas y el caparazón de la langosta en una cacerola grande. Añada el vino, el agua, la cebolla, el ajo y la hoja de laurel y llévelo todo a ebullición. Déjelo hervir a fuego lento durante 20 minutos. Cuélelo y reserve el líquido.
3 Caliente aceite en una cacerola. Incorpore el puerro, el ajo y la cebolla adicionales. Tape y cueza a fuego lento removiendo de vez en cuando durante 20 minutos o hasta que los ingredientes estén tiernos pero no oscuros. Agregue el tomate, el concentrado de tomate, el azafrán,

Salsa Rouille:
4 rebanadas de pan blanco
   gruesas sin corteza
agua para poner en remojo
4 dientes de ajo majados
2 guindillas rojas picadas
   finas
2 yemas de huevo
sal y pimienta negra recién
   molida
³/₄ taza de aceite de oliva

1 ó 2 cabezas de pescado
500 g de gambas grandes
   peladas y limpias, (reserve la cáscara y la cabeza)
1 cola de langosta picada
   (reserve el caparazón)
1 taza de vino blanco
2 tazas de agua
1 cebolla roja pequeña
   picada
2 dientes de ajo picados
1 hoja de laurel

¹/₄ taza de aceite de oliva
1 puerro pequeño troceado
2 cebollas rojas medianas
   picadas, adicionales
4 dientes de ajo majados,
   adicionales
4–6 tomates pelados
   y troceados
¹/₄ taza de concentrado
   de tomate
¹/₄ cucharadita de azafrán
2 hojas de laurel, adicional
1 cucharadita de hojas
   de albahaca secas
1 cucharadita de semillas
   de hinojo
5 cm de piel de naranja
sal y pimienta negra
500 g de pescado blanco,
   sin piel ni espinas, en
   trozos de 3 cm
12 mejillones limpios
¹/₂ taza de perejil fresco
   picado fino

las hojas de laurel, la albahaca, las semillas de hinojo, la piel de naranja, la sal y la pimienta y mezcle bien. Destape y cueza 10 minutos removiendo a menudo. Añada el caldo de pescado que ha apartado y llévelo a ebullición. Déjelo hervir durante 10 minutos, removiendo de vez en cuando.
4 Reduzca el fuego, añada el pescado, la carne de langosta y los mejillones en remojo. Tápelo y déjelo hervir a fuego lento durante 4–5 minutos hasta que los mejillones se

abran (deseche los que no se abran). Añada las gambas y déjelas hervir 3 ó 4 minutos o hasta que estén cocidas. Retire la piel de naranja y las hojas de laurel. Espolvoree la sopa con perejil y sírvala con una baguette y cucharadas de salsa Rouille.
Nota: Puede preparar esta sopa hasta el tercer paso y después refrigerarla. Siga luego los pasos restantes para terminar de cocerla; la cocción no debería prolongarse más de 10–12 minutos.

Salsa Rouille: vierta el aceite en la batidora poco a poco con el motor todavía en marcha.

Añada el pescado, la carne de langosta y los mejillones a la cacerola.

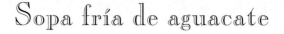

Sopa fría de aguacate

Tiempo de preparación:
10 minutos
Tiempo de cocción:
ninguno

Para 4–6 personas

1 Pele y deshuese los aguacates y pase la pulpa por una batidora o picadora hasta que quede bien fina. Agregue la nata y bátala unos segundos o hasta que la mezcla empiece a ser homogénea.
2 Añada el caldo, sal y pimienta al gusto y el zumo de limón. Bata la mezcla hasta

3 aguacates medianos maduros	$^1/_3$ taza de zumo de limón
1 taza de nata líquida	nata o crema agria y
3 tazas de caldo de pollo	cebollino o cebolletas
sal y pimienta	cortadas para decorar

que presente una textura bien suave; sirva la crema fría o a temperatura ambiente, decorada con una cucharada de crema agria o nata y cebollino picado o aros de cebolleta. Si prefiere servir la sopa tibia, caliéntela unos minutos.

Nota: Una vez preparada, la sopa de aguacate debe servirse

lo antes posible. A pesar de que esta receta contiene zumo de limón, la sopa puede perder color.

Si lo prefiere, puede añadir al caldo dos cebolletas cortadas o $^1/_4$ taza de cebollino picado.

Sopa de zanahoria

Tiempo de preparación:
20 minutos
Tiempo de cocción:
30 minutos

Para 4–6 personas

1 Pele las zanahorias y córtelas en láminas finas; repita la operación con la cebolla. Caliente mantequilla en una cacerola grande, incorpore la cebolla y la zanahoria y cuézalas a fuego lento hasta que la cebolla esté tierna.
2 Añada la harina, remueva hasta disolverla y retírela del

500 g de zanahorias	5 tazas de caldo de pollo
1 cebolla grande	$^3/_4$ taza de nata líquida
60 g de mantequilla	sal y pimienta
1 cucharada de harina	cebollino para decorar

fuego. Agregue el caldo y remueva hasta que esté bien mezclado; no deje de remover hasta que la mezcla hierva y espese. Déjela hervir a fuego lento durante 25 minutos o hasta que la zanahoria esté blanda.
3 Pase la sopa por la batidora en tandas hasta que la mezcla quede homogénea. Devuélvala a la cacerola, añada la nata y salpiméntela. Remueva

la sopa hasta calentarla bien y sírvala espolvoreada con cebollino picado.

Nota: Para preparar sopa de zanahoria y naranja, añada la piel de una naranja rallada fina y el zumo de dos naranjas. Si lo prefiere, añada un poco de jengibre fresco rallado. Decore la sopa con trozos de naranja o tiras finas de piel de naranja.

Sopa fría de aguacate (arriba) y Sopa de zanahoria

Mulligatawny

(Sopa al curry)

Tiempo de preparación:
40 minutos
Tiempo de cocción:
1 hora y 20 minutos

Para 6 personas

1 kg de trozos de pollo	**1 manzana grande pelada**
2 cucharadas de harina	**y troceada**
2 cucharaditas de curry	**6 tazas de caldo de pollo**
en polvo	**2 cucharadas de zumo**
1 cucharadita de cúrcuma	**de limón**
1/2 cucharadita de jengibre	**1/2 taza de nata fresca**
molido	**arroz hervido y chutney**
60 g de mantequilla	**como guarnición**
6 clavos de especia enteros	
12 granos de pimienta	

1 Retire el exceso de grasa y los tendones del pollo. Mezcle la harina, el curry en polvo, la cúrcuma y el jengibre con el pollo.

2 Caliente mantequilla en una cacerola grande y rehogue el pollo por todos los lados hasta dorarlo. Envuelva los clavos de especia y la pimienta en un saquito hecho con un trozo de muselina y añádalo a la cacerola con el caldo. Llévelo a ebullición, reduzca el fuego ligeramente y déjelo hervir durante 1 hora.

3 Retire el pollo de la cacerola y deseche el saquito. Retire la piel del pollo y trocee la carne bien fina. Espume la sopa.

4 Devuelva el pollo a la cacerola, agregue el zumo de limón y la nata y caliente bien la sopa. Preséntela con arroz hervido y chutney, servidos por separado.

Nota: Mulligatawny era un plato muy preciado entre los anglohindúes (el nombre proviene de una palabra tamil que significa "agua de pimienta"). En realidad no debería ser tan fuerte como un curry, pero puede utilizar la cantidad de curry en polvo que prefiera. Para preparar una sopa más ligera, descarte la carne de pollo. Puede sustituir la nata por crema de coco. En este caso no deje que la sopa hierva para que la crema no cuaje.

Frote los trozos de pollo con la mezcla de harina y especias.

Añada al caldo los clavos de especia y los granos de pimienta metidos en un saquito de muselina.

Corte la carne de pollo en trozos pequeños antes de devolverla a la sartén.

Agregue el zumo de limón y la nata y caliente bien la sopa.

Sopa de gambas

Tiempo de preparación:
25 minutos
Tiempo de cocción:
15–20 minutos

Para 4–6 personas

500 g de gambas frescas	**sal**
60 g de mantequilla	**1 taza de nata líquida**
2 cucharadas de harina	**$^1/_3$ taza de jerez seco**
8 tazas de caldo de pescado	**pimentón adicional**
$^1/_2$ cucharadita de pimentón	**para decorar**

1 Pele las gambas y retíreles el hilo intestinal. Reserve la cabeza y la cáscara. Caliente mantequilla en una cacerola y añada las cabezas y la cáscara de las gambas. Rehóguelas durante 5 minutos y aplaste las cabezas con una cuchara de madera.
2 Añada la harina y remueva hasta disolverla. Agregue el caldo, el pimentón y la sal y remueva a fuego lento hasta que la mezcla hierva. Déjela hervir a fuego lento, tapada, durante 10 minutos; luego cuélela y añada las gambas. Cuézalas durante 2–3 minutos. Deje enfriar la sopa unos instantes y luego pásela por la batidora en tandas hasta que quede homogénea.

3 Devuelva la mezcla a la cacerola, añada la crema y el jerez y remuévalo todo. Caliente la sopa y sírvala espolvoreada con pimentón.
Nota: Lo que proporciona a la sopa de gambas su sabor concentrado y apetitoso son las cabezas y la cáscara. Si lo prefiere, puede reservar algunas gambas pequeñas para decorar.

Sopa de miso

Tiempo de preparación:
30 minutos
Tiempo de cocción:
5 minutos

Para 4 personas

20 g de wakame (algas marinas secas)	**250 g de tofu, cortado en dados**
3 tazas de dashi (caldo japonés)	**2 cucharadas de miso rojo**

1 Lave el wakame y póngalo en un bol pequeño cubierto con agua. Déjelo en remojo durante 15 minutos, escúrralo y córtelo en trozos pequeños.
2 Vierta el dashi en una cacerola mediana y llévelo a ebullición. Añada el wakame y el tofu y luego reduzca el fuego. Déjelo hervir todo durante 1 minuto.
3 Ponga el miso en un bol pequeño, añada un poco de dashi caliente y remueva hasta que el miso se haya disuelto. Retire la cacerola del fuego, incorpore la mezcla de miso y dashi y remuévala bien. Sirva la sopa de inmediato.

Nota: Los ingredientes necesarios para preparar esta sopa se pueden encontrar en supermercados especializados y establecimientos de productos naturales. El dashi constituye el caldo básico de la cocina japonesa y se obtiene hirviendo quelpo y bonito secos (pescados pequeños). Puede elaborar su propio dashi, pero resulta más práctico utilizar el dashi soluble que se vende en el supermercado, al cual ha de añadir agua hirviendo para convertirlo en caldo.

Sopa de gambas (arriba) y Sopa de miso

Sopa de Sechuan
(Sopa de sabor agrio y picante)

Tiempo de preparación:
**20 minutos + 30 minutos
en remojo**
Tiempo de cocción:
15 minutos

Para 6–8 personas

4 setas chinas secas	$^1/_3$ taza de agua
45 g de tallarines	1 huevo, poco batido
4 tazas de caldo de pollo	1 cucharada de salsa
1 taza de pollo cocido	de tomate
troceado	1 cucharada de salsa
230 g de tallos de bambú	de soja
escurridos, en trozos	1 cucharada de vinagre
1 cucharadita de jengibre	2 cucharaditas de aceite
fresco rallado	de sésamo
1 cucharada de fécula	2 cebolletas picadas finas
de maíz	sal y pimienta negra

1 Ponga las setas chinas en un bol, cúbralas con agua caliente y déjelas en remojo durante 30 minutos. Luego escúrralas bien y trocéelas. Ponga los tallarines a remojo en agua fría durante 20 minutos, escúrralos y córtelos en trozos pequeños.
2 Caliente el caldo en una cacerola grande y llévelo a ebullición. Incorpore las setas, los tallarines, el pollo, los tallos de bambú y el jengibre; reduzca el fuego y déjelo hervir.
3 Mezcle la fécula de maíz y el agua en un bol pequeño y remueva hasta conseguir una mezcla homogénea. Añádala a la sopa y déjela hervir a fuego lento hasta disolverla. Agregue el huevo batido a la sopa virtiéndolo en un chorro muy fino y sin dejar de remover.
4 Retire la cacerola del fuego, añada la salsa de tomate, la salsa de soja, el vinagre, el aceite de sésamo y las cebolletas. Sazone la mezcla con sal y pimienta al gusto. Puede servir la sopa decorada con cebolletas.

Nota: Sechuan es un estilo regional de la cocina china célebre por su condimentación picante. Si prefiere una sopa de sabor más fuerte, añada unas gotas de aceite de guindilla a la receta.

Corte los tallarines que ha tenido en remojo y que ha escurrido en trozos pequeños.

Añada los tallos de bambú al caldo con las setas, los tallarines, el pollo y el jengibre.

Vierta el huevo batido en la sopa en un chorro muy fino, sin dejar de remover.

Incorpore la salsa de tomate, la salsa de soja, el vinagre, el aceite de sésamo y las cebolletas.

Laksa de marisco

Tiempo de preparación:
45 minutos
Tiempo de cocción:
35 minutos

Para 4 personas

1 Pele las gambas (excepto la cola), retíreles el intestino y reserve las cabezas y la cáscara; fría éstas últimas en 2 cucharadas de aceite hasta que adquieran un color naranja brillante. Agregue agua y lleve la mezcla a ebullición. Luego reduzca el fuego y déjela hervir 15 minutos a fuego lento. Cuélela y deseche las cáscaras.
2 Pase por la batidora las guindillas, la cebolla, el ajo, el jengibre, la cúrcuma, el cilantro y las nueces hasta que la mezcla quede homogénea, añadiendo agua si procede. Ponga en una cacerola con aceite caliente la mezcla que ha batido y el concentrado de gamba. Chafe la hierba de limón con un cuchillo

1 kg de gambas frescas medianas	(opcional)
¹/₂ taza de aceite	1 cucharadita de concentrado de gamba
1 l de agua	2 tallos de hierba de limón
6 guindillas rojas grandes peladas	(sólo la parte blanca)
1 cebolla grande troceada	400 ml de crema o leche de coco en lata
2 dientes de ajo pelados	3 cucharaditas de sal
3 láminas de jengibre o galanga	1 cucharadita de azúcar moreno
1 cucharadita de cúrcuma	125 g de fideos de arroz
1 cucharada de cilantro molido	2 pepinos pequeños
6 nueces de macadamia	250 g de brotes de soja
	¹/₃ taza de menta fresca

y agréguela; cuézalo todo 3 minutos a fuego lento hasta que resulte aromático.
3 Incorpore el caldo de gambas y cuézalo a fuego lento durante 10 minutos. Añada la leche de coco, la sal y el azúcar y cueza, sin tapar, durante 5 minutos. Incorpore las gambas y cuézalas durante 2 minutos hasta que empiecen a estar rosadas. Retírelas con una

espumadera y déjelas aparte.
4 Lleve agua a ebullición y hierva los tallarines durante 2 minutos, luego escúrralos. Corte los pepinos en tiras finas de 5 cm y retire las colas de los brotes de soja. Ponga los tallarines en una sopera grande y cúbralos con pepino, brotes de soja y gambas. Vierta encima la sopa caliente. Decórela con menta picada.

Después de freír las cabezas y la cáscara de las gambas, añada agua a la cacerola.

Agregue la hierba de limón chafada al concentrado de gamba y la mezcla de cebolla condimentada.

Retire las gambas cocidas con una espumadera y déjelas aparte.

Quite las puntas de los brotes de judía antes de incorporarlos a la sopera.

Caldo escocés

Tiempo de preparación:
30 minutos + refrigeración
Tiempo de cocción:
2³/₄ horas

Para 6–8 personas

1 kg de carne de cordero (cuello o jarrete)	1 nabo blanco en dados
10 tazas de agua o caldo	1 cebolla picada
sal y pimienta	2 puerros troceados
1 zanahoria troceada	¹/₂ taza de cebada perlada
	¹/₂ taza de perejil picado

1 Retire la grasa de los trozos de carne y ponga esta última en una cacerola grande con agua, sal y pimienta. Llévela a ebullición y déjela hervir a fuego lento, tapada, durante 1 hora. Espume la superficie de vez en cuando.

2 Añada la zanahoria, el nabo, la cebolla, los puerros y la cebada. Déjelo hervir todo a fuego lento 1–1¹/₂ horas más o hasta que las verduras y la cebada estén blandas. Retire los huesos de la carne y devuélvala a la cacerola. Deje enfriar el caldo a temperatura ambiente y luego refrigérelo hasta que esté bien frío. Justo antes de servirlo retire la grasa que ha solidificado en la superficie, caliéntelo bien y añada el perejil. Sírvalo acompañado de pan grueso crujiente.

Nota: Esta sopa, que también se conoce como caldo de cebada, debe ser espesa y sustanciosa, casi como un cocido de verduras. Dependiendo de la temporada, puede usar otro tipo de hortalizas.

Potaje Bonne Femme
(Sopa de zanahoria y patata)

Tiempo de preparación:
20 minutos
Tiempo de cocción:
40–50 minutos

Para 6–8 personas

500 g de patatas	1 cucharadita de azúcar
3 zanahorias	sal y pimienta
2 puerros	³/₄ taza de nata líquida
30 g de mantequilla	perejil o perifollo
6 tazas de agua o caldo de pollo	para decorar

1 Pele las zanahorias y las patatas y trocéelas junto con los nabos. Caliente mantequilla en una sartén, añada el puerro y la zanahoria y fríalos, sin dejar de remover, hasta que estén tiernos. Añada la patata y remueva hasta que quede bien empapada de mantequilla.

2 Añada agua o caldo, azúcar, sal y pimienta. Deje cocer a fuego lento, tapado, durante 30–40 minutos o hasta que las verduras estén blandas.

3 Pase las verduras por la batidora en tandas hasta que la mezcla quede homogénea. Devuélvala a la cacerola, vierta la nata y remuévala. Caliente bien el potaje antes de servirlo y decórelo con perejil o perifollo.

Nota: Si prefiere un potaje de puerro y patata, no ponga la zanahoria y añada más puerro. También puede servirlo decorado con nata.

Caldo escocés (arriba) y Potaje Bonne Femme

Sopa verde de primavera

Tiempo de preparación:
30 minutos
Tiempo de cocción:
25 minutos

Para 6–8 personas

6 cebolletas	200 g de hojas de espinacas
1 cucharada de aceite	picadas
450 g de patatas peladas	200 g de hojas de lechuga
y troceadas	picadas
2 zanahorias troceadas	200 g de hojas de acedera
2 puerros troceados	picadas
1 cucharada de tomillo	250 g de berros lavados
fresco picado	y picados
5 dientes de ajo	8 tazas de caldo
machacados	de verduras o agua
¹/₂ taza de perejil fresco	1 taza de leche
picado	3 yemas de huevo
sal	pimienta y sal adicionales

1 Pique las cebolletas. Caliente aceite en una cacerola grande y añada la patata, la zanahoria, el puerro, la cebolleta, el tomillo, el ajo, el perejil y la sal.
2 Saltee las verduras a fuego moderado durante 5 minutos o hasta que estén tiernas. Incorpore luego las hojas de espinacas, lechuga, acedera y berros y remueva hasta ablandarlas.
3 Vierta el caldo vegetal o el agua y déjelo hervir a fuego lento durante 15 minutos o hasta que las verduras estén blandas. Pase la sopa por la batidora en tandas hasta que la mezcla quede homogénea. Devuelva la sopa a la cacerola y, a continuación, vierta la leche y las yemas de huevo removiendo. Caliente la sopa a fuego lento y remuévala a menudo. Sazónela con sal y pimienta al gusto y sírvala decorada con finas hierbas, según sus preferencias.

Nota: La adición de yemas de huevo hace que esta sopa vegetal resulte más sustanciosa. Si lo prefiere, puede servirla decorada con una cucharada de nata o yogur.
Para obtener un sabor más exquisito es recomendable que usted mismo prepare el caldo vegetal con una selección de verduras frescas. Si utiliza sobras o verduras pasadas el resultado no será el mismo.

Pique las cebolletas y corte en trozos pequeños el resto de hortalizas.

Saltee las verduras que ha troceado a fuego moderado hasta que estén blandas.

Agregue el caldo o agua a las verduras y déjelas hervir hasta que estén tiernas.

Devuelva la mezcla a la cacerola, incorpore las yemas de huevo y la leche, y remuévalo bien.

Gulash de ternera

Tiempo de preparación:
20 minutos + refrigeración
Tiempo de cocción:
2 horas

Para 4–6 personas

4 lonchas gruesas de bacon ó 60 g de panceta	**1 kg de bistec de aguja cortado en dados**
60 g de mantequilla	**1 tomate mediano pelado y troceado**
2 cebollas picadas	
2 dientes de ajo machacados	**2 cucharadas de concentrado de tomate**
6 cucharaditas de pimentón	**8 tazas de caldo de ternera**
sal	**3 patatas medianas**

1 Corte el bacon en tiras o la panceta en dados pequeños. Caliente mantequilla en una cacerola grande, añada el bacon o la panceta, la cebolla y el ajo y fríalo todo hasta que la cebolla esté blanda y el bacon crujiente.
2 Agregue el pimentón, la sal y el bistec. Saltéelos, sin dejar de remover, durante 2 ó 3 minutos. Añada el tomate, el concentrado de tomate y el caldo y déjelo cocer, tapado, durante $1^1/_2$–2 horas o hasta que la carne esté tierna.
3 Incorpore la patata picada y cueza la sopa otros 20 minutos o hasta ablandar la patata.

Salpimiente al gusto. Refrigere la sopa una noche. Espume la grasa de la superficie, vuelva a calentar la sopa y sírvala.
Nota: La panceta es grasa de cerdo con una fina capa de carne. Tiene un sabor más fuerte que el bacon.

Avgolemono
(Sopa griega de huevo y limón)

Tiempo de preparación:
20 minutos
Tiempo de cocción:
10 minutos

Para 4–6 personas

6 tazas de caldo de pollo	**2 huevos separados**
$^3/_4$ taza de arroz largo	**$^1/_2$ taza de zumo de limón**

1 Lleve el caldo a ebullición en una cacerola grande. Incorpore el arroz y déjelo hervir a fuego lento entre 8 y 10 minutos hasta que esté blando. Reserve 2 tazas de caldo de pollo caliente.
2 Monte ligeramente las claras de huevo a punto de nieve en un cuenco seco. Añada las yemas y bátalas bien hasta mezclarlas con las claras. Agregue gradualmente el zumo de limón y luego el caldo, sin dejar de remover. Vierta la mezcla enseguida sobre el arroz hervido y remuévalo.
Nota: La sopa de huevo y limón, una de las más preciadas de la cocina griega, puede prepararse también con caldo de pescado. Reúna ingredientes y utensilios antes de empezar a prepararla, trabájela rápido y sírvala de inmediato porque cuesta recalentarla.

Gulash de ternera (arriba) y Avgolemono

Sopa de pollo con bolas de matso

Tiempo de preparación:
**40 minutos + 1 hora de
refrigeración**
Tiempo de cocción:
2 horas 30 minutos

Para 6 personas

Sopa:
**1³/₄ kg de pollo
4 l de agua
3 cebollas en rodajas
4 zanahorias troceadas
4 tallos de apio troceados
2 ramitas de perejil largas
1 hoja de laurel
8 granos de pimienta negra
1 cucharada de sal**

Bolas de matso:
**2 cucharadas de grasa de
pollo o aceite vegetal
1 cebolla mediana picada
1 taza de harina de matso
gruesa
2 huevos batidos
1 cucharada de perejil
fresco picado
sal y pimienta
harina de almendra**

1 Retire el exceso de grasa del pollo y resérvela. Corte el pollo en 8 ó 9 trozos y póngalos en una cacerola grande con el agua y los otros ingredientes de la sopa. Llévelos poco a poco a ebullición y espume la superficie. Reduzca luego la llama y déjelo hervir a fuego lento durante 2 horas o hasta que el pollo esté muy blando. Cuélelo, aclare la cacerola y vuelva a verter la sopa; llévela a ebullición. Quite los huesos del pollo y resérvelo.

2 Añada a la sopa las bolas de matso y déjelas hervir a fuego lento, sin tapar, durante 15 minutos. Agregue el caldo de pollo y déjelo hervir a fuego lento otros 5 ó 10 minutos.

3 Para hacer las bolas de matso, caliente grasa o aceite en una cacerola, fría la cebolla hasta dorarla y pásela a un bol. Añada la harina de matso, los huevos y el perejil, salpimiente la masa y agregue harina de almendra hasta que espese. Cúbrala y refrigérela 1 hora. Sumerja las manos en agua fría y extienda la masa para formar bolas de 2 cm.

Sopa de berros

Tiempo de preparación:
15 minutos
Tiempo de cocción:
15–20 minutos

Para 4–6 personas

**1 cebolla
4 cebolletas
450 g de berros
100 g de mantequilla
¹/₃ taza de harina**

**3 tazas de caldo de pollo
1¹/₄ tazas de agua
sal y pimienta
nata o crema agria
para decorar**

1 Trocee la cebolla, las cebolletas y los berros. Caliente la mantequilla en una cacerola grande e incorpore la cebolla, las cebolletas y los berros. Cuézalas a fuego lento, sin dejar de remover, hasta ablandarlas.

2 Añada la harina y remuévala hasta que quede bien mezclada. Agregue gradualmente el caldo y el agua a la cacerola y remuévalo todo hasta que la mezcla resulte homogénea. Continúe removiendo hasta que la sopa hierva y espese. Déjela hervir a fuego lento, tapada, durante 10 minutos o hasta que el berro esté blando. Déjela enfriar unos minutos.

Sopa de pollo con bolas de matso (arriba) y Sopa de berros

3 Pase la mezcla por la batidora en tandas hasta que presente una textura bien fina.

Antes de servir la sopa, caliéntela unos instantes y sazónela con sal y pimienta.

Sírvala decorada con una cucharada de crema agria o nata y con berros frescos.

Stracciatella

(Sopa de huevo italiana)

Tiempo de preparación:
15 minutos
Tiempo de cocción:
10 minutos

| 6 tazas de caldo de pollo | 3 huevos |
| 60 g de queso parmesano fresco rallado | $^1/_3$ taza de perejil fresco picado |

Para 4–6 personas

1 Ponga el caldo de pollo en una cacerola y llévelo a ebullición.

2 Bata en un bol mediano el queso parmesano, los huevos y el perejil; vierta la mezcla deprisa en el caldo caliente.

Caliéntelo sin dejar de remover durante 1 ó 2 minutos. Puede servir la sopa decorada con una cobertura de perejil y queso parmesano.

Sopa de marisco

Tiempo de preparación:
15 minutos
Tiempo de cocción:
30 minutos

Para 8–10 personas

60 g de mantequilla	sin piel ni espinas, en dados de 2 cm
2 lonchas de bacon troceadas	250 g de vieiras limpias,
1 puerro picado	sin hilo intestinal y
1 zanahoria pelada y troceada	partidas por la mitad
1 tallo de apio troceado	200 g de gambas pequeñas
1 patata grande pelada y troceada	peladas
$^1/_3$ taza de harina blanca	1 taza de nata líquida
4 tazas de caldo de pescado caliente	$^1/_3$ taza de perejil fresco picado
400 g de pescado blanco	sal y pimienta negra

1 Caliente 30 g de mantequilla en una cacerola grande y fría el bacon durante 5 minutos. Luego retírelo del fuego y déjelo aparte. Añada el resto de mantequilla e incorpore el puerro, la zanahoria, el apio y la patata. Saltee a fuego moderado, removiendo a menudo, durante 5 minutos o hasta que las verduras estén blandas y algo doradas.

2 Agregue la harina, cuézala durante 1 minuto y luego añada el caldo de pescado. Sin dejar de remover, rehogue la mezcla hasta que resulte homogénea y haya espesado. Déjela cocer a fuego lento durante 5 minutos, destapada.

3 Incorpore los trozos de pescado y cuézalos durante 5 minutos, removiendo. Añada las vieiras, las gambas, la nata, el perejil y el bacon que ha apartado y mézclelo todo bien. Recaliéntelo durante 5 minutos sin que hierva

y salpiméntelo al gusto.
Nota: Hasta el tercer paso, esta sopa se puede preparar algunas horas antes de su consumo. En tal caso, cueza el pescado y el marisco justo antes de servir la sopa. Es importante utilizar pescado blanco, pues un pescado más oscuro le proporcionaría un sabor oleoso y un color grisáceo.

Stracciatella (arriba) y Sopa de marisco

Sopa al pesto
(Sopa de verduras con salsa de albahaca)

Tiempo de preparación:
45 minutos
Tiempo de cocción:
35–40 minutos

Para 8 personas

2 cebollas medianas
1 puerro
3 tallos de perejil fresco
1 ramita de romero fresco,
de tomillo fresco y
de mejorana fresca
$^1/_4$ taza de aceite de oliva
1 hoja de laurel
375 g de calabaza troceada
250 g de patatas troceadas
1 zanahoria mediana
cortada por la mitad
a lo largo y troceada
2 calabacines pequeños
troceados
1 cucharadita de sal
8 tazas de agua o caldo
de verduras

$^1/_2$ taza de judías grandes
frescas o congeladas
$^1/_2$ taza de guisantes frescos
o congelados
2 tomates pelados
y troceados
$^1/_2$ taza de pasta tipo cara-
cola (o cualquier otra de
no más de 5 cm de largo)

Salsa pesto:
$^1/_2$ taza de hojas de
albahaca frescas
2 dientes de ajo majados
$^1/_2$ cucharadita de pimienta
negra
$^1/_3$ taza de parmesano
$^1/_3$ taza de aceite de oliva

1 Corte las cebollas y el puerro en aros finos. Ate con un cordel el perejil, el romero, el tomillo y la mejorana. Caliente aceite en una cacerola y fría en ella la cebolla y el puerro a fuego lento durante 10 minutos o hasta que estén tiernos.
2 Añada el ramillete de hierbas, la hoja de laurel, la calabaza, la patata, la zanahoria, el calabacín, la sal y el agua o caldo. Tápelo y déjelo cocer durante 10 minutos o hasta que las verduras estén casi blandas.
3 Incorpore las judías tiernas, los guisantes, el tomate y la pasta. Tápelo y cuézalo otros 15 minutos o hasta que las verduras estén muy blandas

y la pasta cocida (añada más agua si es necesario). Retire las hierbas, incluida la hoja de laurel.
4 Salsa pesto: Pase la albahaca, el ajo, la pimienta y el queso rallado por la batidora

durante 20 segundos o hasta que esté todo bien triturado. Vierta el aceite gradualmente, bátalo hasta que la mezcla quede homogénea y refrigérela. Recaliente la sopa y sírvala decorada con salsa pesto.

Ate con un cordel el perejil, el romero, el tomillo y la mejorana.

Agregue agua o caldo a la cacerola donde ha introducido las hierbas y verduras.

Cueza la sopa hasta que las verduras estén tiernas y la pasta esté cocida.

Para hacer el pesto, vierta aceite poco a poco en la batidora y bata hasta que la mezcla sea homogénea.

Tom Kha Gai

(Sopa de pollo tailandesa con leche de coco)

Tiempo de preparación:
20 minutos
Tiempo de cocción:
10 minutos

Para 4 personas

2¹/₂ tazas de caldo de pollo	pescado
2 hojas de lima cafre	2 cucharadas de zumo
1 tallo de hierba de limón	de limón
(sólo la parte blanca),	1 filete de pechuga de pollo
de 5 cm, picado fino	laminado
1 trozo de galanga de 3 cm	1¹/₂ tazas de leche de coco
cortado en 4	2 guindillas rojas pequeñas
2 cucharadas de salsa de	1 ramita de cilantro fresco

1 Caliente el caldo en una cacerola mediana, añada las hojas de lima cafre, la hierba de limón, la galanga, el zumo de limón y la salsa de pescado y llévelo todo a ebullición.

2 Incorpore el pollo y la leche de coco. Reduzca el fuego y déjelo hervir durante 3–5 minutos, sin dejar de remover, hasta que el pollo esté cocido.

Agregue las guindillas y déjelo hervir un minuto más.
3 Vierta la sopa en cuencos y decórela con cilantro fresco. Sírvala al momento.

Sopa de won ton

Tiempo de preparación:
45 minutos
Tiempo de cocción:
20 minutos

Para 6 personas

3 setas chinas secas	1 cebolleta picada
125 g de picadillo de cerdo	1 cucharadita de jengibre
60 g de carne de gamba	rallado
cruda picada	1 cucharada de castañas
¹/₂ cucharadita de sal	de agua molidas
2 cucharaditas de salsa	24 tortas de won ton
de soja	5 tazas de caldo de pollo
1 cucharadita de aceite	4 cebolletas en aros muy
de sésamo	finos para decorar

1 Ponga las setas en un bol pequeño y cúbralas con agua caliente. Téngalas en remojo durante 30 minutos, escúrralas y retire el exceso de agua. Quíteles los tallos y trocee los sombrerillos. Mezcle muy bien las setas, el cerdo, la carne de gambas, la sal, la soja, el aceite de sésamo, la cebolleta, el jengibre y las castañas.
2 Trabaje cada hoja de won

ton por separado (cubra el resto con un paño limpio húmedo) colocando una cucharada de la mezcla sobre cada hoja.
3 Humedezca los bordes de la hoja y levántelos para formar un cestito. Póngalos luego sobre una fuente enharinada

y sumérjalos por tandas en una cacerola con agua hirviendo durante 4–5 minutos; luego retírelos y escúrralos. Hierva el caldo en otra cacerola. Ponga los won tons en boles, decórelos con los aros de cebolleta y vierta encima el caldo caliente.

Tom Kha Gai (arriba) y Sopa de won ton

Cock-a-leekie

(Sopa escocesa de pollo y puerro)

Tiempo de preparación:
20 minutos
Tiempo de cocción:
2¹/₂ horas + refrigeración

1 pollo para sopa	**200 g de ciruelas pasas**
9 tazas de agua	**deshuesadas**
3 puerros grandes	**2 cucharadas de arroz**
en rodajas	**sal y pimienta**

Para 4–6 personas

1 Corte el pollo en trozos y deseche tanta piel y grasa como le sea posible. A continuación, póngalo en una cacerola grande con el agua, llévelo a ebullición y espume a menudo la superficie.
2 Añada el puerro, las ciruelas, el arroz, la sal y la pimienta y déjelos hervir a fuego lento, tapados, durante 2–2 ¹/₂ horas o hasta que el pollo esté blando y la sopa haya adquirido aroma. Condiméntelo con más sal y pimienta al gusto.
3 Enfríe un poco la sopa, retire el pollo y los huesos, corte el pollo y devuélvalo a la cacerola. Refrigere la sopa, preferentemente una noche entera. Espume la grasa de la superficie antes de recalentarla y servirla. (Este paso es importante para asegurarse de que la sopa no queda grasienta.)

Nota: Esta deliciosa sopa es una especialidad escocesa que se suele ofrecer en la cena con motivo de alguna celebración. Si lo prefiere, también puede colarla y servirla como un caldo claro.

Sopa de rabo de buey

Tiempo de preparación:
20 minutos
Tiempo de cocción:
3–3¹/₂ horas

Para 6–8 personas

1 kg de carne de rabo	**o caldo de ternera**
de buey troceada	**sal**
60 g de mantequilla	**6 granos de pimienta negra**
3 huesos de tocino	**2 cebollas picadas**
1 zanahoria troceada	**2 tallos de apio troceados**
1 hoja de laurel	**2 patatas peladas**
¹/₄ taza de perejil en rama	**y troceadas**
8 tazas de agua	**1 taza de cebada perlada**

1 Retire el exceso de grasa del rabo de buey y lávelo bien. Caliente mantequilla en una cacerola grande y añada el rabo de buey, los huesos, la zanahoria, la hoja de laurel y el perejil. Fríalos a fuego lento hasta que los huesos estén ligeramente dorados.
2 Añada el agua o el caldo, la sal y los granos de pimienta. Llévelo a ebullición, reduzca el fuego y déjelo hervir, tapado, durante 2¹/₂–3 horas.
3 Déjelo enfriar un poco y luego cuele la mezcla. Retire la carne de los huesos y devuélvala a la sopa que tiene en la cacerola. Deseche el resto de sólidos.
4 Incorpore la cebolla, el apio, la patata y la cebada a la mezcla. Déjela hervir, tapada, durante 30 minutos o hasta que la verdura y la cebada estén tiernas. Decore la sopa con perejil.

Cock-a-leekie (arriba) y Sopa de rabo de buey

Caldos básicos

El secreto de una sopa deliciosa reside en un buen caldo. Tener que prepararlo desde el principio puede parecerle desalentador, sin embargo, no puede ser más fácil. Además resulta económico y nutritivo. A pesar de que el tiempo de cocción suele prolongarse, la preparación se realiza con rapidez y, una vez puesto a hervir el caldo, la cacerola no necesita casi atención. Si quiere preparar caldo de ternera o pollo, dore los huesos antes de hervirlos para proporcionar al mismo aroma y color o bien, hierva los restos de algún cocido. Es preferible utilizar un bouquet garní fresco compuesto de ramitas de perejil, tomillo y laurel seco en un atado de muselina, a la versión seca comercializada, aunque ésta también puede emplearse. Es recomendable preparar el doble de caldo del que vaya a consumirse y guardarlo en el congelador para tener siempre a mano caldo ya preparado. No lo hierva nunca: caliéntelo lentamente hasta llegar al punto de ebullición, reduzca entonces el fuego y déjelo calentar a temperatura constante.

Caldo de ternera

Tiempo de preparación:
20 minutos
Tiempo de cocción:
4 horas y 50 minutos

Para 1 litro

2 kg de huesos de ternera	**3 l de agua**
2 zanahorias medianas en trozos grandes	**2 tallos de apio con hojas, en trozos grandes**
2 cebollas pardas medianas con piel, en trozos grandes	**1 bouquet garní**
	12 granos de pimienta negra

1 Precaliente el horno a 210°C. Ponga los huesos de ternera en una bandeja de horno grande y hornéelos durante 30 minutos, dándoles la vuelta un par de veces; añada la zanahoria y la cebolla y hornéelo otros 20 minutos.
2 Pase los huesos, la zanahoria y las cebollas a una cacerola u olla grande. Si ha quedado algo de grasa en la bandeja métala en la cacerola. Vierta 250 ml de agua sobre la bandeja, remueva con una cuchara de madera para rebañar los posibles restos de jugo de la bandeja e incorpore este líquido a la cacerola u olla.

3 Introduzca el apio, el agua restante, el bouquet garní y los granos de pimienta en la cacerola. Llévelo lentamente a ebullición, reduzca el fuego y déjelo hervir, sin tapar, durante 4 horas. Espume la grasa de la superficie si es necesario. Pase el caldo por un tamiz fino y deseche los huesos y verduras. Enfríelo rápidamente y, a continuación, refrigérelo hasta que esté completamente frío. Retire la grasa que haya podido quedar en la superficie.

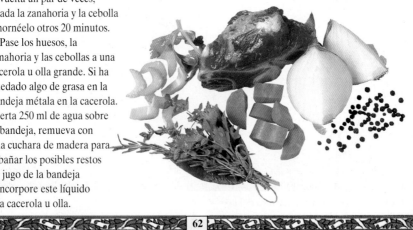

Caldo de pescado

Tiempo de preparación:
15 minutos
Tiempo de cocción:
30 minutos

Para 1,5 litros

15 g de mantequilla	y colas de pescado
2 cebollas medianas	10 granos de pimienta
2 l de agua	negra
1¹/₂ kg de espinas, cabezas	1 bouquet garní

1 Funda la mantequilla en una cacerola grande y añada la cebolla picada fina. Fríala a fuego lento, removiendo, durante 10 minutos hasta que esté blanda y transparente, pero no dorada.
2 Agregue el agua, las espinas, cabezas y colas de pescado, los granos de pimienta y el bouquet garní y llévelo todo lentamente a ebullición. Reduzca el fuego, deje hervir el caldo, sin tapar, durante 20 minutos y espume la superficie con frecuencia. Páselo por un tamiz fino, deseche las espinas y verduras y enfríelo.

Nota: Utilice pescado blanco para que el caldo no resulte demasiado grasiento.

Caldo de pollo

Tiempo de preparación:
20 minutos
Tiempo de cocción:
3 horas y 50 minutos

Para 1,5 litros

1¹/₂ kg de huesos de pollo	2 tallos de apio con hojas,
2 cebollas grandes, sin	en trozos grandes
pelar, en trozos grandes	1 bouquet garní
3 l de agua	12 granos de pimienta
2 zanahorias grandes	negra o blanca
troceadas	

1 Precaliente el horno a 180°C. Ponga los huesos de pollo y la cebolla en una bandeja de horno grande y hornéelos durante 50 minutos hasta que estén dorados. Páselos a una cacerola u olla grande.
2 Agregue el agua, las verduras, el bouquet garní y los granos de pimienta. Llévelo lentamente a ebullición, reduzca el fuego y déjelo hervir, sin tapar, durante 3 horas espumando la superficie de vez en cuando si es necesario. Pase la mezcla por un cedazo fino y deseche los sólidos.
3 Enfríe el caldo rápidamente y refrigérelo. Retire la grasa que quede en la superficie.

Índice